Werkstatt KOMPAKT

Kopiervorlagen mit Arbeitsblättern

D1920015

Der Bauernhof

Ursula Arndt

Klasse 2/3

Verlag an der Ruhr

Impressum

Titel
Werkstatt kompakt
Der Bauernhof – Kopiervorlagen mit Arbeitsblättern

Autorin
Ursula Arndt

Titelbildmotiv
© talsen – Fotolia.com

Fotos:
Wir bedanken uns herzlich für das zur-Verfügung-Stellen der Fotos bei Janssen KG Rhede/Ems, der information.medien.agra (i.m.a.) e.V./Bonn, der CLAAS KGaA mbH/Harsewinkel und der Grimme Landmaschinenfabrik GmbH & CO.KG/Damme.
© S. 20 – ima, IJ ; © S. 41 – Gerd Janssen, CLAAS; © S. 45 – Grimme;
© S. 49 – Gerd Janssen, IJ, berggeist007/PIXELIO (www.pixelio.de)

Illustrationen
Ursula Arndt u. a.

Satz
Melanie Reich

Verlag an der Ruhr
Mülheim an der Ruhr
www.verlagruhr.de

Geeignet für die Klassen 2 – 3

Unser Beitrag zum Umweltschutz:
Wir sind seit 2008 ein ÖKOPROFIT®-Betrieb und setzen uns damit aktiv für den Umweltschutz ein. Das ÖKOPROFIT®-Projekt unterstützt Betriebe dabei, die Umwelt durch nachhaltiges Wirtschaften zu entlasten. Unsere Produkte sind grundsätzlich auf chlorfrei gebleichtes und nach Umweltschutzstandards zertifiziertes Papier gedruckt.

ISBN 978-3-8346-2603-5

Printed in Germany

Werkstatt KOMPAKT

Inhaltsverzeichnis

Vorwort

Als die Menschen **vor mindestens 10 000 Jahren** begannen, Ackerbau und Viehzucht zu betreiben, war dies für sie einer der größten Fortschritte. Ackerbau und Viehzucht bedeuteten eine sichere Nahrungsversorgung und Sesshaftigkeit. Die ersten Nutzpflanzen waren Weizen und Gerste, die ersten Haustiere Schweine, Rinder, Schafe, Ziegen. Bald erkannten die Menschen, dass diese Tiere nicht nur als Fleisch-, sondern auch als Zug- und Tragtiere und Produkt-Lieferant einen großen Nutzen hatten. Seither hat die Landwirtschaft eine wichtige Bedeutung für die Menschen.

Noch vor wenigen Jahrzehnten gab es Bauernhöfe, auf denen der Bauer mit seiner Familie und seinen Mägden und Knechten lebte. Er hatte ein Wohnhaus, eine Scheune, Ställe, Weiden und Felder, einen Gemüse- und Obstgarten, vielleicht noch einen Bach oder See in der Nähe, einen Brunnen, einen Bauerngarten mit Blumen und Kräutern. Es lebten viele verschiedene Tiere auf dem Bauernhof: Kühe, Schweine, Hühner, Gänse, Enten, Puten, Schafe, Ziegen.

Pferde waren Arbeitstiere und erleichterten den Menschen die Arbeit. Kühe und Schweine lebten oftmals in geräumigen Ställen mit Stroh unter den Füßen, die Schweine suhlten sich im Dreck, das Federvieh konnte den ganzen Tag frei herumlaufen, scharren und picken. Kühe, Ziegen und Schafe grasten die meiste Zeit auf der Weide. Der Hofhund bewachte alles aufmerksam und die Katzen fingen die Mäuse.

Auf den Feldern wurden Getreide, Gemüse und Kartoffeln angebaut. Der Tiermist diente als Dünger. Die Produkte, die der Bauer im Laufe des Jahres erwirtschaftete, verkaufte er und mit dem Erlös konnte er bei guten Bedingungen seine Familie und seine Leute ausreichend versorgen.

Ein **heutiger Bauernhof** könnte in der Regel seine Familie so nicht mehr ernähren. Da immer mehr Menschen auf die Erzeugnisse des Bauern angewiesen sind, mussten sich die Bauern spezialisieren, um wirtschaftlicher arbeiten zu können und dem Nahrungsanspruch der Menschen gerecht zu werden. Der Bauernhof verwandelte sich in einen landwirtschaftlichen Großbetrieb, in eine „Eier-, Milch-, Fleisch-, Getreide- oder Gemüsefabrik“, die sich auf Tierhaltung oder Pflanzenanbau spezialisierte. Der Bauer wurde zum Landwirt, der seinen Hof auf rationelle Art und Weise, eben wirtschaftlich führt. Für die Tiere änderte sich damit einiges: Die Ställe wurden größer, die Tiere werden in größeren Herden gehalten. Es besteht die Gefahr einer nicht artgerechten Haltung. Wenn zu viele Tiere auf zu engem Raum gehalten werden, kann es schnell passieren, dass sich die Tiere nicht mehr wohlfühlen, krank werden oder sich gegenseitig verletzen.

In der Tierhaltung hat sich in den letzten Jahren jedoch eine Menge getan. So ist zum Beispiel die Haltung von Hühnern in Legebatterien seit 2012 verboten. In einem modernen Bodenhaltungsstall können sich die Hühner frei bewegen und scharren. Sie haben ständig Zugang zu Wasser und Futter, können in Ruhe in ihrem Nest ihr Ei legen und nachts ganz oben auf Sitzstangen schlafen.

Die Technik hat auf dem Bauernhof Einzug gehalten. Die Arbeiten, die früher mit dem Pferd oder mit der Hand getätigt wurden, übernehmen heute Maschinen. Vieles geht automatisch. Die Kühe werden mit einer Melkmaschine gemolken, die Eier, die die Hühner gelegt haben, werden auf dem Fließband weitergeleitet, nach Größe sortiert und gleich auf die Eierpaletten gelegt. Auch bei der Bearbeitung der Felder mit Säen, Pflanzen, Ernten und Verarbeiten ersetzt die Maschine immer mehr den Menschen.

Nicht nur Bio-Betriebe, auch herkömmlich wirtschaftende Bauernhöfe unterliegen immer strengeren Richtlinien und Kontrollen. Die Kunden legen nicht mehr Wert auf viel, sondern auf „gesunde“ Nahrungsmittel. Die ökologische Landwirtschaft achtet auf artgerechte Tierhaltung auch bei der Massentierunterbringung. Tiere, die sich wohlfühlen, geben besseres Fleisch, Milch, Eier. Und bei der Aufzucht von Gemüse, Kartoffeln und Getreide düngen viele Bauern ihre Felder mit biologischen Düngemitteln und tun damit viel für die Erhaltung ihrer Böden und die Gesundheit ihrer Erzeugnisse.

Bauernhof im Unterricht

Den meisten Kindern in der heutigen Zeit ist der Bezug zur Landwirtschaft verloren gegangen. In den wenigsten Fällen wohnen Kinder mit ihrer Familie in ländlichen Gebieten oder haben in der Nähe einen landwirtschaftlichen Betrieb oder selbst einen Bauernhof. In der Schule genau dasselbe Bild: Wenn früher in einer Dorfschule noch etliche Bauernkinder in einer Klasse waren, dann ging deren Zahl in den letzten Jahren drastisch zurück. Heute kann man froh sein, wenn noch ein oder zwei davon an der ganzen Schule sind. Wenn überhaupt, dann haben die meisten Kinder von heute ein Bild vom Bauernhof entwickelt, das dem eines idyllischen kleinen Bauernhofs

Vorwort

entspricht. Dieses Bild kennen sie meist aus der Werbung, aus Erzählungen von Eltern und Großeltern, aus Illustrationen in Bilderbüchern. Hier hält der Bauer noch Kühe, Schweine, Hühner, Schafe und Pferde nebeneinander, ebenso baut er auch noch Getreide, Gemüse und Kartoffeln an. Manche Kinder kennen den Bauernhof zudem nur als Urlaubsort. Sie verbinden damit eine schöne Zeit mit dem Frühstücksei direkt vom Huhn, der Milch direkt von der Kuh, dem Geruch des Heus, dem krähenden Hahn auf dem Mist, dem Ausritt mit dem Pferd. Aber immerhin. Dass der Bauernhof die Quelle unserer Nahrungsmittel ist, ist den Kindern meist gar nicht mehr bewusst.

Die Bauernhof-Werkstatt beschäftigt sich sowohl mit Bauernhof-Tieren, die wir mit diesem „Lebensraum" in Verbindung bringen als auch mit den landwirtschaftlichen Produkten, die auf dem Feld erwirtschaftet werden. Das Thema Bauernhof ist jedoch ein so großer Bereich, dass es den Rahmen der Werkstatt sprengen würde, wenn alle Bereiche ausführlich behandelt würden. Ich habe mich deshalb auf ausgewählte Teilbereiche beschränkt und hoffe damit einmal, dass die Kinder darin Bekanntes wiederentdecken und zum anderen ihren Erfahrungsschatz erweitern und die Fragen, die sie zu diesem Thema haben, zum großen Teil beantworten können. Die Kinder sollen sich in spielerischer, aber auch ernsthafter Weise mit den Themen auseinandersetzen, Zusammenhänge entdecken und zum Nachdenken angestoßen werden. Viele Themen geben die Möglichkeit, den Dingen noch etwas mehr auf den Grund zu gehen, weiter nachzufragen oder auszuweiten. Es bieten sich Unterrichtsgänge zu einzelnen landwirtschaftlichen Betrieben, soweit das von der Gegend her möglich ist, und Nachforschungen im Internet an.

Die Werkstatt ist für Kinder ab dem zweiten Schuljahr konzipiert. Viele Arbeitsblätter oder Teilbereiche eignen sich jedoch erst mit ausreichender Lese-und Schreibfähigkeit. Sie entscheiden, was Sie an Materialien für Ihre Klasse herausnehmen wollen. Sinnvoll erweist sich evtl. auch eine Erweiterung oder Fortführung in weiteren Klassen.

Jeder der angesprochenen Bereiche bringt in erster Linie Informationen zu den jeweiligen Sachverhalten. Inhaltliches, sprachliches und auditives Verarbeitungsvermögen, Konzentration und sinnerfassendes Lesen werden damit angesprochen und sollen geübt werden. Zusätzlich werden in vielen Angeboten verschiedene grundlegende Arbeitstechniken, wie exaktes Ausschneiden und Kleben, Falten, Zeichnen und verschiedene Sozialformen, geübt.

Es bieten sich Zusatzaufgaben an und am unteren Rand sind z. T. Forscheraufgaben angeführt (Forsche nach.), die die Kinder auffordern, sich weitere Gedanken zu dem Thema zu machen, Einkünfte einzuholen und sich im Gesprächskreis darüber zu äußern. Somit bleibt das Thema nicht nur auf die Schule beschränkt, sondern bezieht die ganze Familie und Fachkräfte aus allen möglichen Bereichen mit ein.

Die Gestaltung eines Klappbuches

Für die Gestaltung der Angebote habe ich mich diesmal für etwas anderes entschieden und dementsprechend die Arbeitsblätter gestaltet. Wenn Sie die Werkstatt durchblättern, werden Sie sicher merken, dass es ganz viele kleine Gestaltungsteile gibt, z. B. Leporellos, Karten in Briefumschlägen, Klappseiten, doppelt und einfach, nach oben, nach unten, Kreis-Puzzles, Heftchen etc. Mit diesen Teilen kann ein großes Klappbuch gestaltet werden. Das Klappbuch besteht aus einem großen, schmalen Tonpapierstreifen. Dazu habe ich einen großen Bogen Tonpapier längs in der Hälfte auseinandergeschnitten. Eine Seite (auf dem Bild die rechte) habe ich in einer Breite von etwa 10 cm eingefaltet, den anderen großen Teil dann bis zum Mittelbruch, sodass ein großes „Faltbuch", „lapbook" oder „Klappbuch" entsteht. Auf der Vorderseite dieses Faltbuches können dann das Deckblatt und der Arbeitsplan aufgeklebt werden. Der Innenbereich steht zur freien Gestaltung offen; entweder in dieser einfachen Variante oder mit Erweiterung, d. h. Ankleben von weiteren Tonpapierstücken an allen anderen Kanten, sodass Sie zusätzlichen Gestaltungsraum zur Verfügung haben. Ältere Kinder können ihr Klappbuch in Eigenregie gestalten.

Schön wäre es, wenn jedes Kind sein eigenes Klappbuch gestalten kann. Dafür benötigt man jedoch eine Menge Papier. Möglich ist auch die Gestaltung eines Klappbuches in einer Kleingruppe, die Faltung eines kleineren Klappbuches oder die Gestaltung eines übergroßen Klappbuches mit der ganzen Klasse. Falls Ihnen all diese Ideen nicht gefallen, haben Sie auch die Möglichkeit, die ganzen Arbeitsblätter in einer Mappe zu sammeln oder ein einfaches Bauernhof-Heft damit zu gestalten.

Vorwort

All die Vorschläge zur Gestaltung sind natürlich mit einer Menge Kopien verbunden. Die meisten Stationen sind aber auch so angelegt, dass man mit einer geringeren Kopierauflage und anschließendem Laminieren den Kindern das Angebot auch nur ein- oder 2-mal in die Werkstatt legen kann.

Hinweise zu den einzelnen Angeboten

Mein Buch vom Bauernhof (S. 9)

Bei diesem Arbeitsblatt handelt es sich um das **Deckblatt**, das auf das Klappbuch oder das Bauernhof-Heft als Titel aufgeklebt wird. Auf den unteren Strich wird der Name des Kindes/der Gruppe geschrieben. Die Kinder können die Bilder anmalen. Kopieren Sie das Arbeitsblatt in gewünschter Anzahl.

Mein Arbeitsplan (S. 10)

Die Kinder schneiden den Plan aus und kleben ihn auf die schmale Vorderseite des Klappbuches oder des Bauernhof-Heftes. Der Plan kann entweder von Ihnen im Vorfeld mit den gewünschten Stationen ausgefüllt werden oder die Kinder beschriften ihn selbstständig mit den Stationen, die sie im Laufe der Werkstatt bearbeiten.

Das weiß ich schon? Das will ich wissen? (S. 11)

Kopieren Sie das Arbeitsblatt und stellen Sie es den Kindern zur Verfügung. Die Kinder sollen darauf ihre Fragen zum Thema aufschreiben oder sie können auch aufschreiben, was sie bereits wissen. Diese Vorabinformationen helfen Ihnen, die passenden Stationen auszuwählen und auf den Wissensstand Ihrer Kinder in Ihrer Vorbereitung einzugehen. Die Kärtchen können im Vorfeld z. B. auf einer Pinnwand gesammelt werden und finden dann später in dem gebastelten Briefumschlag ihren Platz, den die Kinder in ihr Klappbuch oder ihr Bauernhof-Heft einkleben können.

Bauernhof früher und heute (S. 12)

Kopieren Sie die Arbeitsblätter mehrere Male und stellen Sie sie zur Verfügung. Die Kinder schneiden nun die Textstreifen aus, sortieren diese in Aussagen, die zu heute und früher passen.

Lassen Sie die Kinder selbst malen oder nach Bildern im Internet suchen, die zu einem Bauernhof von heute passen. Die Kinder können nun die Illustration von S.13 ausschneiden und die passenden Textstreifen zum Bauernhof von früher kleben. Ebenso verfahren sie mit den selbst gemalten Bildern oder Fotos.

Verschiedene Bauernhöfe (S. 14)

Hier bietet sich z. B. eine Aufteilung der verschiedenen Bauernhof-Informationen in einer Gruppe an. Je ein oder zwei Kinder bearbeiten eine Variante, markieren das wichtigste, erzählen darüber im Stuhlkreis oder stellen Fragen. Anschließend können die Infoblätter zu einzelnen Heften oder einem Gesamtheft zusammengetackert werden. Diese können sowohl ins Heft als auch ins Klappbuch eingefügt werden.

Maschinen auf dem Bauernhof (S. 20)

Falten Sie mit den Kindern ein Leporello: Schneiden Sie dazu die Textstreifen (S. 21) aus und falten Sie die Einzelteile. Kleben Sie die Streifen aneinander und überprüfen Sie noch einmal den „Ziehharmonika-Effekt“. Nun können die Kinder die Bilder ausschneiden und in ihr Leporello einkleben. Das fertige Leporello findet seinen Platz im Klappbuch oder im Bauernhof-Heft.

Der Bauernhof im Jahreskreis (S. 22)

Die Kinder schneiden die Kreissegmente aus und legen sie in der richtigen Reihenfolge zusammen. Dabei ist es völlig egal, welcher Monat oben zu sehen ist, Hauptsache die Reihenfolge stimmt. Nach Überprüfung und einem eventuellen Austausch darüber im Stuhlkreis kann der fertige Kreis in das Klappbuch eingeklebt oder auf einem Extra-Blatt aufgeklebt und in das Bauernhof-Heft eingeheftet werden.

Tiere auf dem Bauernhof (S. 24)

Hier finden die Kinder kurze Informationen über Namen, Aussehen, Nahrung und Nutzen der einzelnen Tierfamilien. Zudem sind die jeweiligen Bilder der Tierfamilie zu sehen. Kopieren Sie die Arbeitsblätter in gewünschter Anzahl, dazu auch den Blanko-Steckbrief (s. Nr. 26). Die Kinder lesen allein oder mit Ihnen gemeinsam den Text durch und entnehmen daraus die Informationen für ihren eigenen Steckbrief des ausgewählten Tieres.

Vorwort

Auch hier ist eine Arbeitsaufteilung in Kleingruppen gut denkbar. Die Steckbriefe können mit den Bildern auf einer Pinnwand vorerst gesammelt und/oder im Stuhlkreis vorgestellt werden und anschließend ihren Platz im Klappbuch oder im Bauernhof-Heft finden. Da Bilder, Info-Texte und Steckbriefe im gleichen DIN-A5-Format abgebildet sind, lässt sich hieraus ein schönes Heft zusammenkleben oder -tackern.

Die Kuh – ein Wiederkäuer (S. 34)

Die Kinder schneiden die beiden „Kühe" sorgfältig aus und kleben sie am Schwanz aufeinander, sodass beim Aufklappen das „Innere" der Kuh sichtbar wird. Die Kärtchen, die den „Weg der Nahrung" beschreiben, sind ebenfalls auszuschneiden und in richtiger Reihenfolge um die Kuh zu kleben, entweder gleich in das Klappbuch oder auf einer Extra-Seite im Bauernhof-Heft. Lesen und besprechen Sie mit den Kindern diesen „Weg" und lassen ihn „in der Kuh" verfolgen.

Der Weg der Milch (S. 36)

Die Kinder kleben das Blatt auf ein dickeres Papier, schneiden dann die einzelnen Streifen auseinander und sortieren sie in der richtigen Reihenfolgen aufeinander. Da jetzt die Streifen etwas dicker sind, lassen sie sich mit einer Musterklammer zusammenheften, sodass ein „Fächer" entsteht. Nun kann der Text aufgefächert und fortlaufend gelesen werden. Der Fächer kann gleich mit der Klammer im Klappbuch oder auf einer Extra-Seite im Bauernhof-Heft eingeheftet werden. So geht er nicht verloren.

Schweinefleisch (S. 37)

Die Kinder schneiden die Puzzleteile sorgfältig aus und setzen das Schwein in seiner Ganzheit auf einer Seite im Klappbuch oder auf einer Extra-Seite für das Bauernhof-Heft wieder zusammen. Hier empfiehlt sich ein Gespräch über die einzelnen Fleischstücke: Was kennen die Kinder vielleicht aus der Küche der Mutter oder von der Theke des Metzgers, was haben sie schon gegessen? Die Kinder werden merken, dass sich vom Schwein so gut wie alles verwerten lässt. Wenn Sie den Steckbrief vom Schwein noch mit einbeziehen, lässt sich die Verwertbarkeit noch ausdehnen auf Borsten und Haut.

Lauter Federvieh (S. 38)

Die Kinder schneiden das Faltheftchen erst einmal an der gestrichelten Linie aus. Bei der Faltung ist in den meisten Fällen Hilfe nötig. Lesen und besprechen Sie mit den Kindern die einzelnen Geflügelarten, das Aussehen, die Nutzung. Das Heftchen kann in einen z. B. selbst gebastelten Briefumschlag eingesteckt werden und dann in das Klappbuch oder das Bauernhof-Heft eingeklebt werden. So geht es nicht verloren.

Viele Eier (S. 40)

Kopieren Sie das Arbeitsblatt in gewünschter Anzahl. Die Kinder schneiden das große „Info-Ei" und die kleinen Eier sorgfältig aus. Mit einer Musterklammer heften Sie mit den Kindern die Eier aufeinander: Das große „Info-Ei" ganz unten, das kleinste Ei nach oben. Die Eier (außer das Info-Ei) sind in Originalgröße gezeichnet, sodass die Kinder sehen können, wie groß die einzelnen Eier in Wirklichkeit sind, von der kleinsten Gewichtsklasse bis zur größten. Der Eier-Fächer lässt sich dann im Klappbuch direkt einheften, für das Bauernhof-Heft benötigen Sie eine Extraseite. Lesen Sie mit den Kindern die Informationen auf dem großen Ei durch und besprechen Sie sie mit ihnen. Vielleicht besteht auch die Möglichkeit, die einzelnen Eiergrößen vom Eierhändler oder direkt vom Hühnerhof zu bekommen. Im Handel sind meist nur die M- bis XL-Größen, manchmal auch S vorrätig. In einem Hühnerhof bekommt man auch die anderen Gewichtsklassen und das eine oder andere Sonderexemplar.

Heuernte (S. 41)

Nachdem die Kinder die Karten ausgeschnitten haben, sortieren sie zunächst Bild- und Textkarten einander zu. Daraufhin können die Karten auf ein leeres Blatt geklebt werden.

Gemüse (S. 42)

Die Kinder schneiden die Klappen mit dem Text einzeln aus und falten sie in der Mitte. Dann schneiden sie die Bilder aus und kleben sie auf das richtige freie Feld auf. Diese Klappen können dann mit einer Rückseite in das Bauernhof-Heft oder das Klappbuch eingeklebt werden, sodass man die Felder auf- und zuklappen kann.

Vorwort

Kartoffeln (S. 45)

Die Kinder schneiden die einzelnen Kärtchen aus und sortieren sie in der richtigen Reihenfolge zueinander. Die Kärtchen werden nun zusammen geklebt, sodass auf jeder Rückseite der Textkarte das passende Bild zufinden ist. Anschließend können sie ins Klappbuch oder Bauernhof-Heft eingeklebt werden oder finden in einem passenden Briefumschlag Platz, der wiederum eingeklebt werden kann.

Die Getreidepflanze (S. 46)

Die Kinder lesen den Text und schreiben die richtigen Begriffe auf die Linien. Anschließend schneiden sie das Bild an der Linie sorgfältig aus und kleben es in das Klappbuch oder das Bauernhof-Heft ein.

Getreideanbau (S. 47)

Kopieren Sie die Arbeitsblätter in gewünschter Anzahl. Lesen Sie mit den Kindern den Text und sprechen darüber. Die Kinder schneiden die beiden Streifen aus, kleben ihn am Rand zusammen, sodass eine Jahresleiste entsteht. Dann schneiden sie die Bilder mit den Maschinen aus und kleben ihn an die richtige Stelle in der Tabelle. Die Tabelle kann in das Klappbuch oder im Bauernhof-Heft eingeklebt werden.

Getreidearten (S. 50)

Die Kinder kleben diese auf ein stärkeres Papier, schneiden die einzelnen Kärtchen aus und können dann ein Dreier-Memo oder ein anderes Trio-Spiel damit spielen. In einem Briefumschlag finden die Kärtchen einen sicheren Platz und dieser kann dann im Klappbuch oder Bauernhof-Heft eingeklebt werden. Die Kinder können aber auch die fünf Getreidearten in einem Block (Bild, Aussehen, Verwendung) ausschneiden und als Heftchen zusammentackern lassen.

Wissens-Domino (S. 52)

Kleben Sie als Einmal-Version für die ganze Klasse oder die Kinder für sich selbst die beiden Blätter auf dickeres Papier auf und schneiden die Dominokarten an den gestrichelten Linien aus. Bei Bedarf kann man die Karten auch laminieren, dann sind sie länger haltbar. Nun können die Kinder spielerisch überprüfen, ob sie etwas gelernt haben.

Blanko-Vorlagen (S. 54)

Hier sind die Vorlagen für den Steckbrief (Tierfamilien) und für den Briefumschlag (mehrere Stationen) abgebildet. Kopieren Sie diese je nach Bedarf.

Zum Abschluss wünsche ich Ihnen und Ihren Kindern viel Spaß mit der Werkstatt und der Gestaltung eines Klappbuches oder eines Bauernhof-Heftes.

Für die freundliche Unterstützung möchte ich mich insbesondere bei Familie Koch, Familie Kraut und Herrn Vogt herzlich bedanken, die sich Zeit genommen, mir Einblick in ihre bäuerlichen Betriebe gewährt und mit fachlichem Rat zur Seite gestanden haben.

Ursula Arndt

Mein Buch vom Bauernhof

Arbeitsblatt

Schneide das Deckblatt aus.

Klebe es auf dein Bauernhof-Heft oder dein Klappbuch.

Mein Arbeitsplan

Arbeitsblatt

Arbeitsplan
1.
2.
3.
4.
5.
6.
7.
8.
9.
10.
11.
12.
13.

Das weiß ich schon. Das will ich wissen.

Arbeitsblatt

Schneide die Kärtchen sorgfältig aus.
Notiere darauf, was du schon zum Thema Bauernhof weißt.

Überlege dir, was dich noch interessiert und welche Fragen du noch hast.

 ISBN 978-3-8346-2603-5 | www.verlagruhr.de

Bauernhof früher und heute (1/2)

Arbeitsblatt

Schneide die Karten aus und sortiere in Aussagen, die zu früher und zu heute passen.

Suche Bilder, die zum Bauernhof von heute passen, oder male selbst.

Klebe die Textstreifen passend zu den Bildern.

Automatische Melkmaschinen werden eingesetzt.
Eier wurden mit der Hand eingesammelt.
Kartoffeln werden mit dem Kartoffelroder geerntet.
Zum Düngen benutzte man Mist vom Misthaufen.
Drillmaschinen legen die Samen in den Boden und bedecken sie mit Erde.
Zuerst zogen Ochsen, später Pferde den Pflug.
Zum Düngen wird Gülle und Kunstdünger verwendet.
Samenkörner wurden mit der Hand ausgesät.
Eier werden in Hühnerhöfen mit dem Fließband abtransportiert.
Unkraut wurde mit einer Hacke oder der Hand ausgerissen.
Der Traktor zieht gleichzeitig mehrere Furchen.
Kartoffeln wurden mit der Forke ausgegraben und mit der Hand aufgelesen.
Unkraut wird mit Spritzmitteln beseitigt.
Getreide wurde mit Sense oder Sichel geschnitten.
Getreide wird mit dem Mähdrescher geerntet.
Die Bäuerin molk die Kühe mit der Hand.
Spezialisierung auf eine Tierart, zum Teil Massentierhaltung
Viele Tiere lebten gemeinsam auf dem Bauernhof.

Bauernhof früher und heute (2/2)

Arbeitsblatt

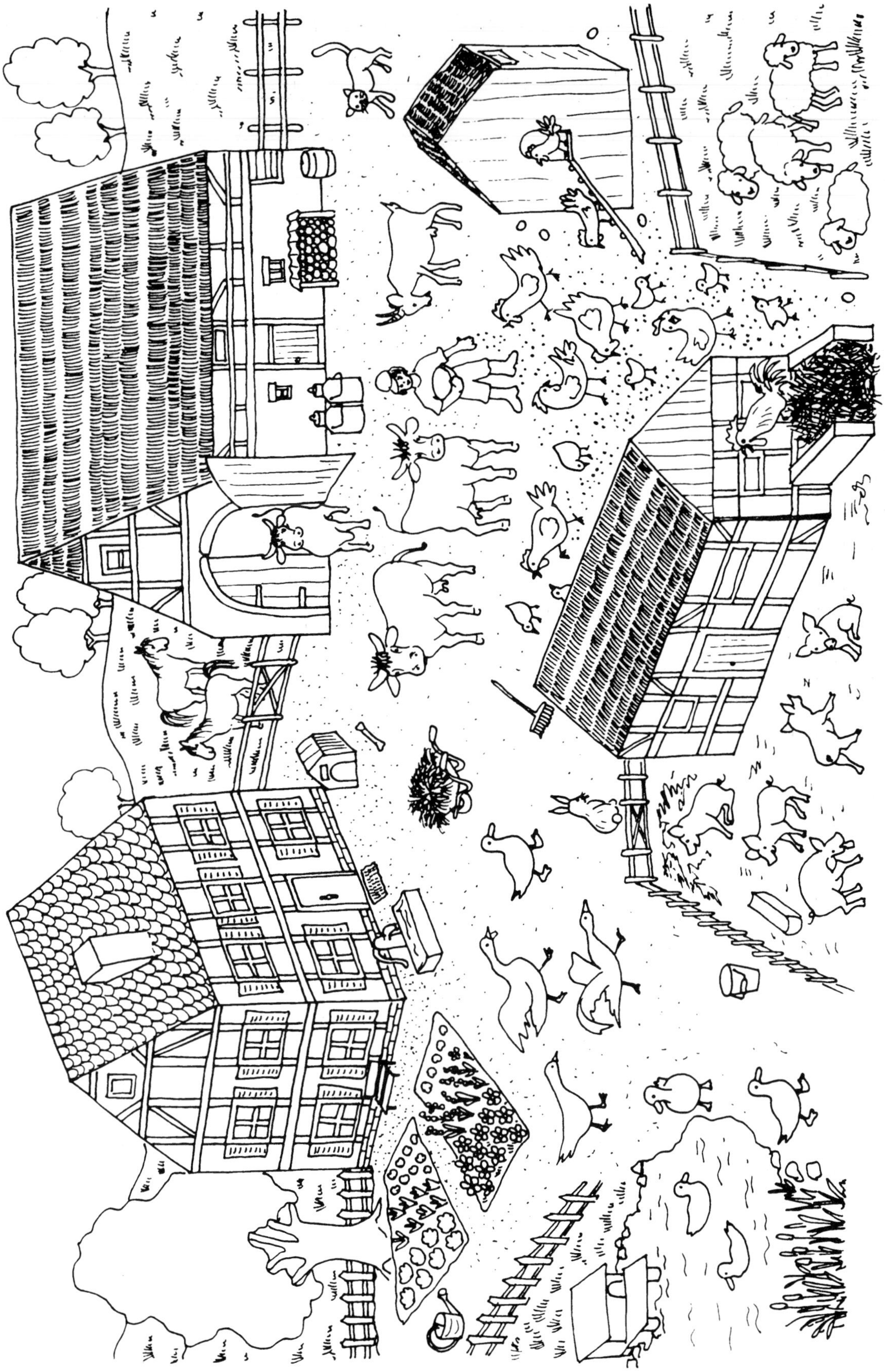

Verschiedene Bauernhöfe

Arbeitsblatt

Schneide die Infotexte sorgfältig aus.

Klebe sie am seitlichen Rand zusammen.

So entsteht ein kleines Heft.

Gestalte das Deckblatt für das Heft.

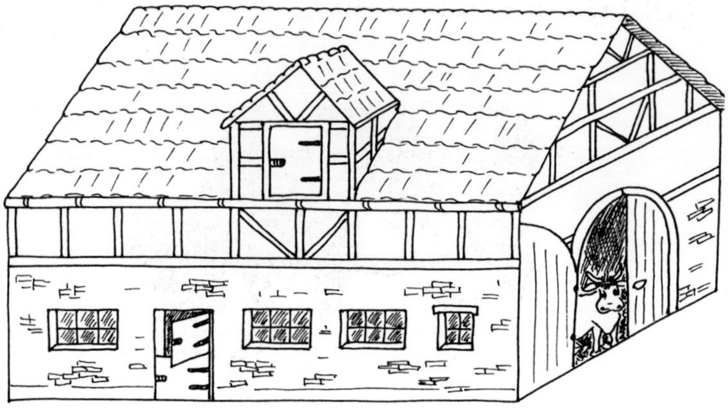

Verschiedene Bauernhöfe (1/11)

Infoblatt

Bauernhöfe

© Verlag an der Ruhr | Autorin: Ursula Arndt | ISBN 978-3-8346-2603-5 | www.verlagruhr.de

Mastbetriebe (2/11)

Infoblatt

Der Bauer hält Masttiere, die der **Fleischgewinnung** dienen. Das können Rinder, Schweine oder Geflügel sein.

So wird zum Beispiel ein Huhn im Hühner-Mastbetrieb nur etwa 45 Tage aufgezogen, dann ist es meist schwer genug zum Schlachten.

Mastbetriebe (3/11)

Infoblatt

Die Tiere werden immer gut gefüttert, sodass sie schnell wachsen und viel Fleisch geben. Das Tierfutter wird von LKWs angeliefert und im Silo gelagert.

Im Sommer wird auch Gras von der Wiese im Silo eingelagert, das dann im Winter verfüttert wird.

Wenn die Tiere dick genug sind, werden sie zum Schlachten abgeholt.

© Verlag an der Ruhr | Autorin: Ursula Arndt | ISBN 978-3-8346-2603-5 | www.verlagruhr.de

Milchwirtschaft (4/11)

Infoblatt

Ein Milchbauer hat viele Kühe, die **Milch** geben sollen.
Die meiste Zeit verbringen die Kühe im Stall.

Dort können sie fressen, ruhen und schlafen.

Jede Kuh hat einen eigenen weichen Liegeplatz, der mit Stroh ausgepolstert ist.
Auch ein Salzleckstein darf nicht fehlen.

Manche Bauernhöfe haben eine Weide, auf der die Tiere im Sommer grasen können.
Dann muss nur noch mit wenig Kraftfutter aus Getreide zugefüttert werden.

Milchwirtschaft (5/11)

Infoblatt

Für den Winter mäht der Bauer Gras,
trocknet es und lagert es als **Heu** in der Scheune.

Zusätzlich bekommen die Kühe noch Kraftfutter und **Gras-Silage**.
Das entsteht, wenn der Bauer das frische **feuchte Gras** im Silo lagert.

Zum Melken werden die Kühe morgens und abends zum Melkstand getrieben.
Die Milch wird dort vom Tankwagen abgeholt und kommt in die Molkerei.
Dort wird sie zu Milch, Käse oder Joghurt weiterverarbeitet.

16 | Der Bauernhof
© Verlag an der Ruhr | Autorin: Ursula Arndt | ISBN 978-3-8346-2603-5 | www.verlagruhr.de

Hühnerhof (6/11)

Infoblatt

Der Bauer hält viele Hühner, die Eier legen.
Bei der **Bodenhaltung** werden die Hühner in großen, geschlossenen Laufställen gehalten.
Hier können sie sich frei bewegen. Sie können fliegen, flattern, picken, scharren und ein Sandbad nehmen.
Vor Raubtieren und schlechtem Wetter sind sie zudem gut geschützt.

Wasser und Futter ist immer ausreichend vorhanden.

Zum Eierlegen können sie sich in ihre Nester und abends zum Schlafen auf ihre Stange ganz oben zurückziehen.

© Verlag an der Ruhr | Autorin: Ursula Arndt | ISBN 978-3-8346-2603-5 | www.verlagruhr.de

Hühnerhof (7/11)

Infoblatt

Bei der **Freilandhaltung** haben die Hühner den gleichen Stall wie bei der Bodenhaltung, können aber auch nach draußen auf eine eingezäunte Wiese gehen. Hier können sie nach Würmern und Insekten suchen und Samen und Grünfutter kratzen.

Da sie aber draußen zu wenig Futter finden, fressen sie das meiste im Stall. Auch zum Schlafen und Eierlegen kehren sie in den Stall zurück.

Forsche weiter:
Werden im Hühnerhof Küken aufgezogen?

© Verlag an der Ruhr | Autorin: Ursula Arndt | ISBN 978-3-8346-2603-5 | www.verlagruhr.de
Der Bauernhof | 17

Gemüseanbau (8/11)

Infoblatt

Der Bauer baut auf seinen Feldern Gemüse und Kartoffeln an.

Da es aber sehr viele Gemüsesorten gibt, hat sich auch hier der Bauer spezialisiert auf **drei bis fünf Gemüsearten**, zum Beispiel Kartoffeln, Salat, Kohlgemüse oder anderes Gemüse.

Auch der Gemüsebauer hat das ganze Jahr viel zu tun. Schon im Januar und Februar zieht er unter Folie oder im Gewächshaus Tomaten, Paprika, Zucchini, Zwiebeln, Radieschen, Karotten, Spinat und verschiedene Salate. Er erntet gleichzeitig vom Vorjahr Lauch und Feldsalat.

Gemüseanbau (9/11)

Infoblatt

Ende Februar, Anfang März steckt er Kartoffeln. Er muss den Boden für neues Gemüse herrichten und zwischendurch immer wieder wässern, düngen und spritzen. So bleiben die Pflanzen gesund.

Wenn das Wetter gut ist, kann er das ganze Jahr gute Ernte einfahren. Seine Produkte verkauft er zum Beispiel auf dem Wochenmarkt, in seinem eigenen Hofladen oder bringt sein Gemüse auf den Großmarkt. Von dort kommt es dann ins Geschäft.

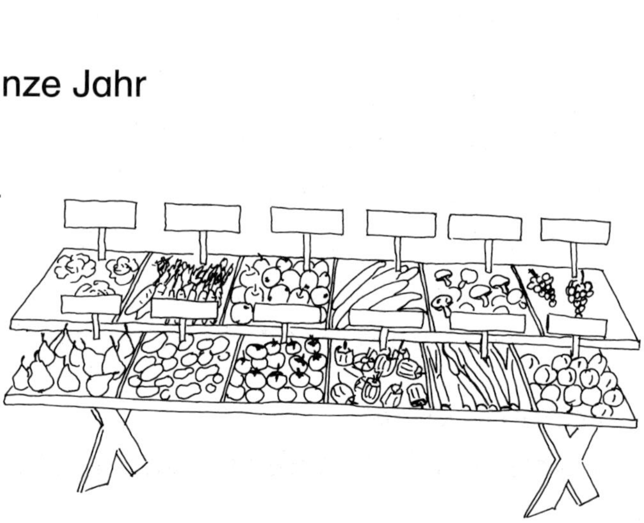

© Verlag an der Ruhr | Autorin: Ursula Arndt | ISBN 978-3-8346-2603-5 | www.verlagruhr.de

Getreideanbau (10/11)

Infoblatt

Der Getreidebauer baut auf seinen Feldern Getreide an:
Weizen, Roggen, Hafer oder Gerste.

Ein Teil des Getreides wird als Futtermittel für die Tiere genutzt.

Ein anderer Teil wird zu Mehl vermahlen.
Der Bäcker backt daraus Brot, Brötchen, Kuchen und andere leckere Sachen.
Weizen ist bei uns die wichtigste Getreideart.

 ISBN 978-3-8346-2603-5 | www.verlagruhr.de

Getreideanbau (11/11)

Infoblatt

Wenn der Bauer im Spätsommer oder Herbst die letzte Ernte eingefahren hat, beginnt er direkt wieder mit dem Vorbereiten des Bodens. Er muss ihn pflügen und auflockern.
Dann kann er den Winterweizen säen.

Das Getreide keimt in der Erde und wächst zu kleinen Pflänzchen heran. Im Winter ruht die Getreidepflanze.
Erst im wärmeren Frühjahr wächst sie weiter.
Im Frühsommer sieht man schon die ersten Ähren.
Wenn die Körner in den Ähren im Sommer ausreichend getrocknet sind, kann die Ernte beginnen.

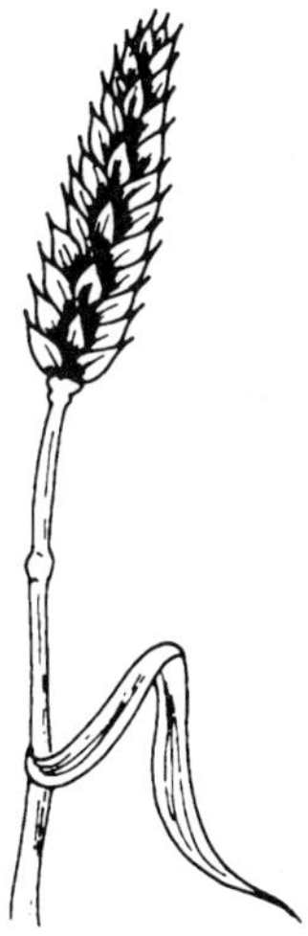

Forsche weiter:
Wenn es Winterweizen gibt, gibt es auch Sommerweizen?

© Verlag an der Ruhr | Autorin: Ursula Arndt | ISBN 978-3-8346-2603-5 | www.verlagruhr.de

Maschinen auf dem Bauernhof (1/2)

Arbeitsblatt

Falte und klebe ein Leporello.

Wenn du Hilfe brauchst, frage einen Mitschüler oder deinen Lehrer.

Schneide die Bildkarten aus.
Klebe sie in dein Leporello.

© ima

© IJ

© IJ

© IJ

© IJ

© IJ

© Verlag an der Ruhr | Autorin: Ursula Arndt | ISBN 978-3-8346-2603-5 | www.verlagruhr.de

Maschinen auf dem Bauernhof (2/2)

Arbeitsblatt

Der **Traktor** ist das wichtigste Arbeitsgerät. Er zieht Anhänger, Sämaschine, Mähwerk und Pflug. Auf dem Foto siehst du eine **Strohpresse**.

Klebestreifen

Mit dem **Pflug** wird der Boden gewendet. Durch das Pflügen wird der Boden aufnahmefähiger für das Wasser.

Die **Sämaschine** zieht Rillen in den Boden und legt Samenkörner gleichmäßig in die Rillen und bedeckt sie wieder mit Erde. Sie wird hinten an den Traktor angehängt.

Klebestreifen

Mit dem **Mähwerk**, das am Traktor angebaut wird, mäht der Bauer eine große Wiese ganz schnell.

Klebestreifen

Der **Mähdrescher** schneidet die Getreidehalme ab. Im Inneren der Maschine drischt (schlägt) er die Körner heraus und sammelt sie in einem Tank. Das Stroh spuckt er hinten aus.

Der **Kartoffelroder** schneidet und hebt die Kartoffeln aus dem Boden. Er schneidet das Kraut ab und rüttelt die Kartoffeln, damit die Erde abfällt.

Der Bauernhof im Jahreskreis (1/2)

Arbeitsblatt

Schneide die einzelnen Kreisteile sorgfältig aus.

Lege sie zu einem vollständigen Kreis zusammen.

Kontrolliere den Kreis und klebe ihn auf ein weißes Blatt.

Der Bauernhof im Jahreskreis (2/2)

Arbeitsblatt

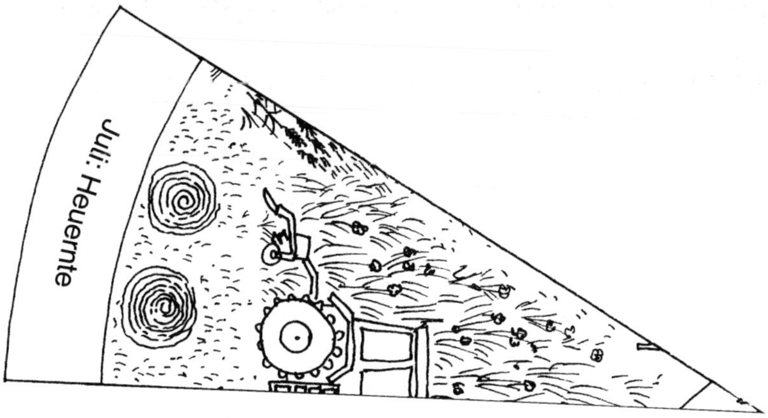

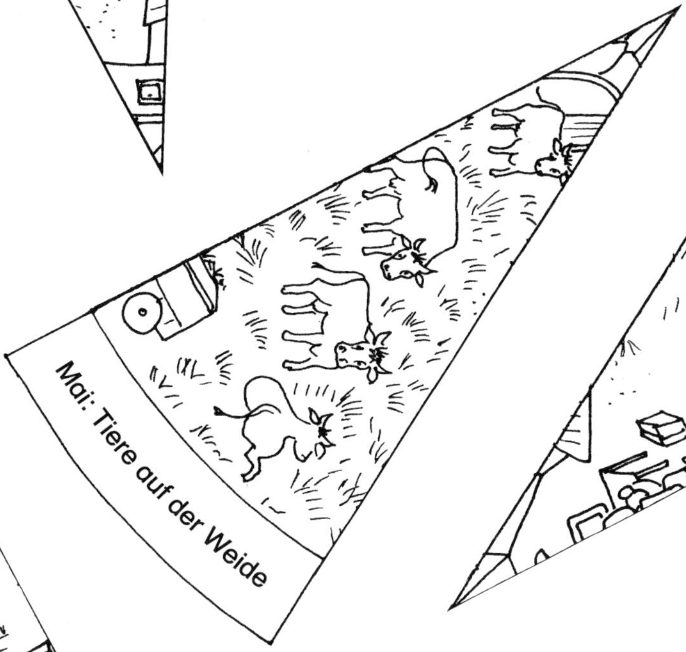

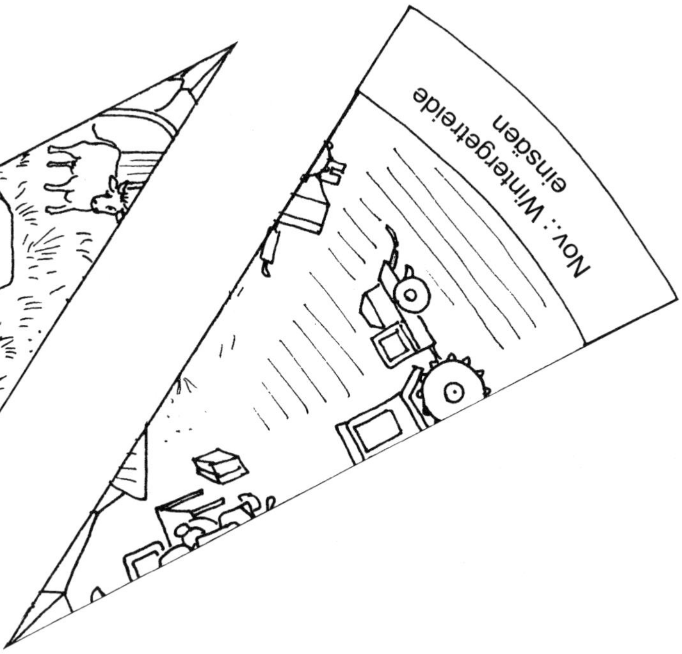

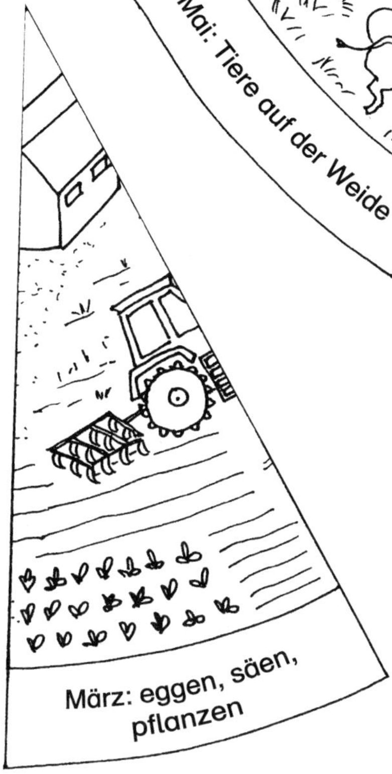

Tiere auf dem Bauernhof

Arbeitsblatt

Schneide die Seiten sorgfältig auseinander.

Klebe die Seiten zu einem oder mehreren Forscher-Heften zusammen.

Lies dir die Texte aufmerksam durch.

Unterstreiche wichtige Wörter.

Trage diese Stichpunkte in deinen Steckbrief ein.

Familie Rind (1/3)

Infoblatt

© Verlag an der Ruhr | Autorin: Ursula Arndt | ISBN 978-3-8346-2603-5 | www.verlagruhr.de

Familie Rind (2/3)

Infoblatt

Familie: Das **männliche Rind** heißt **Stier** oder **Bulle**. Wenn ein Stier operiert wurde und keine Kinder mehr zeugen kann, nennt man ihn **Ochse**. Das **weibliche Rind** ist die **Kuh**. Das Junge heißt **Kalb**.

Aussehen: Rinder können **schwarz, braungrau oder braun, schwarz-weiß oder braun gescheckt sein**. **Kühe** haben ein **Euter mit vier Zitzen** und auch **Hörner**. Mit dem **Quastenschwanz** vertreiben sie Fliegen.

Nahrung: **Gras, Heu, Rüben, Kraftfutter, Gras-Silage**

Verwertung: Die Kuh gibt uns **Milch** und **Fleisch**. Aus der Milch wird **Käse, Butter, Joghurt, Sahne, Rahm, Quark** und aus der Kuhhaut **Leder** hergestellt.

Familie Rind (3/3)

Infoblatt

Alle Hausrinder stammen vom Ur- oder Auerochsen ab. Die Steinzeitmenschen erlegten die Auerochsen wegen der großen Fleischmenge. Als die Bauern Ackerbau betrieben, nutzten sie Auerochsen als Haustiere zum Tragen und Ziehen von Lasten und als Fleischlieferanten.

Durch Ausprobieren entdeckten die Menschen im Laufe der Jahre, dass man aus der Milch Käse und Butter herstellen kann. Heute gibt es Rassen, die mehr zur Milchgewinnung genommen werden, und solche, die eher der Fleischproduktion dienen.

Es gibt sehr viele Kuhrassen. Sie unterscheiden sich durch ihr Aussehen. Es gibt zum Beispiel Schwarzbunte, Rotbunte, Gelbvieh, Braunvieh, Rotvieh und Fleckvieh.

© Verlag an der Ruhr | Autorin: Ursula Arndt | ISBN 978-3-8346-2603-5 | www.verlagruhr.de

Der Bauernhof | 25

Familie Schwein (1/3)

Infoblatt

Familie Schwein (2/3)

Infoblatt

Familie:	Das **männliche Schwein** heißt **Eber**. Das **weibliche Schwein** heißt **Sau**, das **Junge** heißt **Ferkel**.
Aussehen:	Unser Hausschwein ist **rosa**. Es gibt auch **weiße, schwarze und gefleckte** Schweine. Es hat einen **Rüssel**, ein **Ringelschwänzchen** und **Schlappohren**.
Nahrung:	Das Schwein ist ein **Allesfresser**. Es frisst Getreideschrot, Kartoffeln, Mais und Küchenabfälle.
Verwertung:	Das Schwein liefert uns **Fleisch** und **Fett** für **Schmalz und Speck**. Die **Haut** des Schweins wird als **Leder** für **Schuhe, Bekleidung und Buchdeckel** verwendet, aus den **Borsten** stellt man **Pinsel und Bürsten** her.

26 | **Der Bauernhof**

© Verlag an der Ruhr | Autorin: Ursula Arndt | ISBN 978-3-8346-2603-5 | www.verlagruhr.de

Familie Schwein (3/3)

Infoblatt

Unser heutiges Hausschwein stammt vom Wildschwein ab. Schon vor 9 000 Jahren begannen bei uns die ersten Bauern, das Schwein als Haustier zu halten. Es war von Anfang an ein guter Fleisch- und Specklieferant. Das Fett brauchte man zum Kochen und Braten und sogar als Wagenschmiere und Heilmittel. Die Borsten nahm man für Pinsel und Bürsten. Aus der Haut machte man Leder für Schuhe und Taschen oder band wertvolle Bücher damit ein.

Das Schwein ist ein Vielfraß. Es frisst fast alles und kann bis zu 15 Jahre alt werden. So lang lebt es heute aber meistens nicht. Bereits nach einem halben Jahr, wenn es schwer genug geworden ist, wird es geschlachtet.

Familie Huhn (1/3)

Infoblatt

© Verlag an der Ruhr | Autorin: Ursula Arndt | ISBN 978-3-8346-2603-5 | www.verlagruhr.de

Der Bauernhof | 27

Familie Huhn (2/3)

Infoblatt

Familie: Das männliche Tier heißt **Hahn**. Das weibliche Tier heißt **Henne**. Das Junge heißt **Küken**.

Aussehen: Das Haushuhn hat braunes oder weißes **Gefieder**, einen roten **Schnabel, Kamm** und **Kehllappen, zwei Füße mit je vier Zehen**, der Hahn ist meist farbenprächtiger und hat einen **großen Schwanz**.

Nahrung: Das Huhn frisst am liebsten **Körner**, aber auch **Würmer, Insekten** und **Gras**. Zur Verdauung schluckt das Huhn beim Fressen kleine Steinchen mit hinunter.

Verwertung: Das Huhn liefert uns **Eier und Fleisch**. Die **Federn** kann man für Kissen und Decken verwenden.

Familie Huhn (3/3)

Infoblatt

Die Vorfahren unseres Haushuhns stammen aus dem asiatischen Raum. Sie haben sehr klangvolle Namen, wie Bankivahuhn, Sonneratshuhn, Lafayettenhuhn, Gabelschwanzhuhn. Sie waren kleiner als unser heutiges Haushuhn. Im Altertum hatte der Hahn eine besondere Bedeutung. Er galt bei vielen Völkern als heilig. Er sollte mit seiner Stimme die Dämonen und Zauberer vertreiben.

Erst nach und nach erkannte man, dass auch das Huhn gut zu nutzen war: nämlich als Eier- und Fleischlieferant. Im Mittelalter gab es Hühner bereits auf jedem Bauernhof. Ihr Vorteil war, dass sie frei herumliefen und sich von herumliegenden Körnern, Dreschabfällen, Würmern, Insekten und Küchenabfällen ernährten. Somit waren sie sehr günstig in der Haltung.

28 | Der Bauernhof
© Verlag an der Ruhr | Autorin: Ursula Arndt | ISBN 978-3-8346-2603-5 | www.verlagruhr.de

Familie Schaf (1/3)

Infoblatt

Familie Schaf (2/3)

Infoblatt

Familie:	Das weibliche Tier heißt **Schaf**. Das männliche Tier heißt **Bock oder Widder**. Das Junge heißt **Lamm**.
Aussehen:	Schafe sind eigentlich ganz schlanke Tiere. Durch ihr Fell sehen sie aber dick aus. **Das Fell ist dicht und wollig.**
Nahrung:	Das Schaf ist ein **Pflanzenfresser**. Es mag **Gräser, Rüben und Mais**.
Verwertung:	Das Schaf liefert uns **Schafsmilch, Fleisch und Wolle**. Die Schafsmilch wird zu Käse verarbeitet. Aus der Wolle wird Garn für Stoffe, Kleidungsstücke, und andere Dinge hergestellt.

© Verlag an der Ruhr | Autorin: Ursula Arndt | ISBN 978-3-8346-2603-5 | www.verlagruhr.de
Der Bauernhof | 29

Familie Schaf (3/3)

Infoblatt

Das Schaf ist eines der ältesten Haustiere. Es gibt viele Schafrassen. Sie unterscheiden sich durch: Größe, mit oder ohne Hörner, aufrecht stehende oder hängende Ohren,
viel Wolle oder fast gar keine Wolle. Schafe sind Wiederkäuer.

Früher hat man auf Bauernhöfen oft Schafe gehalten. Sie lieferten Wolle, Fleisch und Milch. Heute findet man Schafe selten auf Bauernhöfen. Meistens zieht ein Schäfer mit einer großen Herde durch das Land.

Die Schafe werden im Frühjahr geschoren, damit die Wolle im Sommer nachwachsen kann und das Schaf im Winter nicht friert. Aus ihrem dicken Wollmantel gewinnt man wertvolle Wolle, die zu Socken, Decken oder anderen Textilien weiterverarbeitet wird.

Familie Pferd (1/3)

Infoblatt

30 | Der Bauernhof
© Verlag an der Ruhr | Autorin: Ursula Arndt | ISBN 978-3-8346-2603-5 | www.verlagruhr.de

Familie Pferd (2/3)

Infoblatt

Familie: Das männliche Tier heißt **Hengst**. Das weibliche Tier heißt **Stute**. Das Junge heißt **Fohlen**.

Aussehen: Es gibt **braune, weiße und schwarze** Pferde. Es gibt viele verschiedene Rassen. Zu den kleinen Pferderassen sagt man Ponys. Das Pferd hat **Hufe**, eine **Mähne** und einen langen **Schweif**.

Nahrung: Es frisst **Heu, Stroh, Hafer und Rüben**, gern auch mal eine Möhre oder einen Apfel.

Verwertung: Früher hat man die Pferde auf dem Bauernhof zum Arbeiten benötigt. Heute werden sie hauptsächlich zum **Reiten** genutzt.

Familie Pferd (3/3)

Infoblatt

Nicht immer gab es auf Bauernhöfen Pferde. Die ersten Bauern spannten Ochsen vor ihren Pflug oder Wagen. Erst mit der Erfindung des Hufeisens verdrängte das Pferd den Ochsen.

Pferde waren viel schneller und stärker. Sie halfen bei der Feldarbeit. Auf dem Pferdewagen wurden die Erzeugnisse, wie Obst, Wolle und Gemüse, auf den Markt gefahren. Sonntags kutschierte die Bauernfamilie mit dem Pferdewagen in die Kirche.
Heute ist das Pferd auf einem Bauernhof fast gar nicht zu sehen.

Pferde sind keine Arbeitstiere mehr. Man findet sie meist in Reitställen, die sich auf den Reitsport oder auf die Aufzucht von edlen Tieren spezialisiert haben.

Familie Ziege (1/3)

Infoblatt

Familie Ziege (2/3)

Infoblatt

Familie:	Das männliche Tier heißt **Bock**. Das weibliche Tier heißt **Ziege oder Geiß**. Das Junge heißt **Zicklein**.
Aussehen:	Eine Ziege hat **Fellfarben** von dunkel bis hell. Der Bock hat einen **Ziegenbart** und **Hörner**, die Geiß hat **zwei Zitzen**.
Nahrung:	Ziegen sind ein **Pflanzenfresser**. Sie fressen Gras und zupfen Blätter von Bäumen und Büschen ab. Außerdem mögen sie Getreideschrot, Mais, Rüben, Getreide und Heu. Ziegen sind Wiederkäuer.
Verwertung:	Die Ziege gibt **Milch**. Außerdem gibt sie **Fleisch** und aus der **Haut** wird **Leder** hergestellt. Das **Fell** langhaariger Ziegen wird zu **Garn** verarbeitet.

© Verlag an der Ruhr | Autorin: Ursula Arndt | ISBN 978-3-8346-2603-5 | www.verlagruhr.de

Familie Ziege (3/3)

Infoblatt

Ziegen sind neben Schaf und Hund die ältesten Haustiere. Die Urziegen stammen aus den Bergen Kleinasiens und den Inseln Kreta und Zypern, denn Ziegen sind geschickte Kletterer. In Deutschland hielten sich die Bauern meist nur wenige Ziegen, während in südlicheren Ländern auch heute noch größere Ziegenherden zu finden sind. Ziegen brauchen Bewegung. Sie stehen nicht gern in engen Ställen. In der Natur richten Ziegen oft großen Schaden an, denn sie fressen alles radikal ab. Sie rupfen das Gras sogar mit der ganzen Wurzel heraus und klettern auf Bäume, um an die saftigen Blätter zu kommen.

Die Ziege wird oft die „Kuh des kleinen Mannes“ genannt, weil sie viel Milch und gutes Fleisch gibt und sehr genügsam ist.

Die Kuh – ein Wiederkäuer (1/3)

Arbeitsblatt

Schneide die beiden Kühe sorgfältig aus.

Klebe die Kuh nur <u>am Schwanz</u> auf die Kuh mit dem „Innenleben“.

Schneide die Textkärtchen aus und lies sie aufmerksam durch.

Klebe sie in der richtigen Reihenfolge auf. Verfolge dabei den Weg der Nahrung.

© Verlag an der Ruhr | Autorin: Ursula Arndt | ISBN 978-3-8346-2603-5 | www.verlagruhr.de
Der Bauernhof | 33

Die Kuh – ein Wiederkäuer (2/3)

Arbeitsblatt

1. Rind zupft mit Zunge Gras ab, schluckt es durch die **Speiseröhre** runter

2. Gras gelangt in den **ersten großen Sammelmagen**, genannt **Pansen**, Gras wird zu Futterbrei aufgeweicht

3. Futterbrei gelangt in den **zweiten Magen**, genannt **Netzmagen**, Futterbrei wird in kleine Kugeln geformt

4. Futterbrei-Kugeln gehen durch die **Speiseröhre** wieder in das **Maul** des Rindes, werden hier durchgekaut, entstandener Brei wird wieder durch die Speiseröhre runtergeschluckt

5. durchgekauter Brei gelangt in den **dritten Magen**, genannt **Blättermagen**, den Brei wird Wasser entzogen und er wird gepresst

6. gepresster Brei gelangt in den **vierten Magen**, genannt **Labmagen**, Verdauungssäfte zersetzen den Brei

7. zersetzter Brei gelangt in den 50 m langen **Darm**, wird dort weiter verdaut, vom Darm aus gelangen die wichtigen Nährstoffe aus dem Brei in das Blut des Rindes, der Rest wird durch den After ausgeschieden

Die Kuh – ein Wiederkäuer (3/3)

Arbeitsblatt

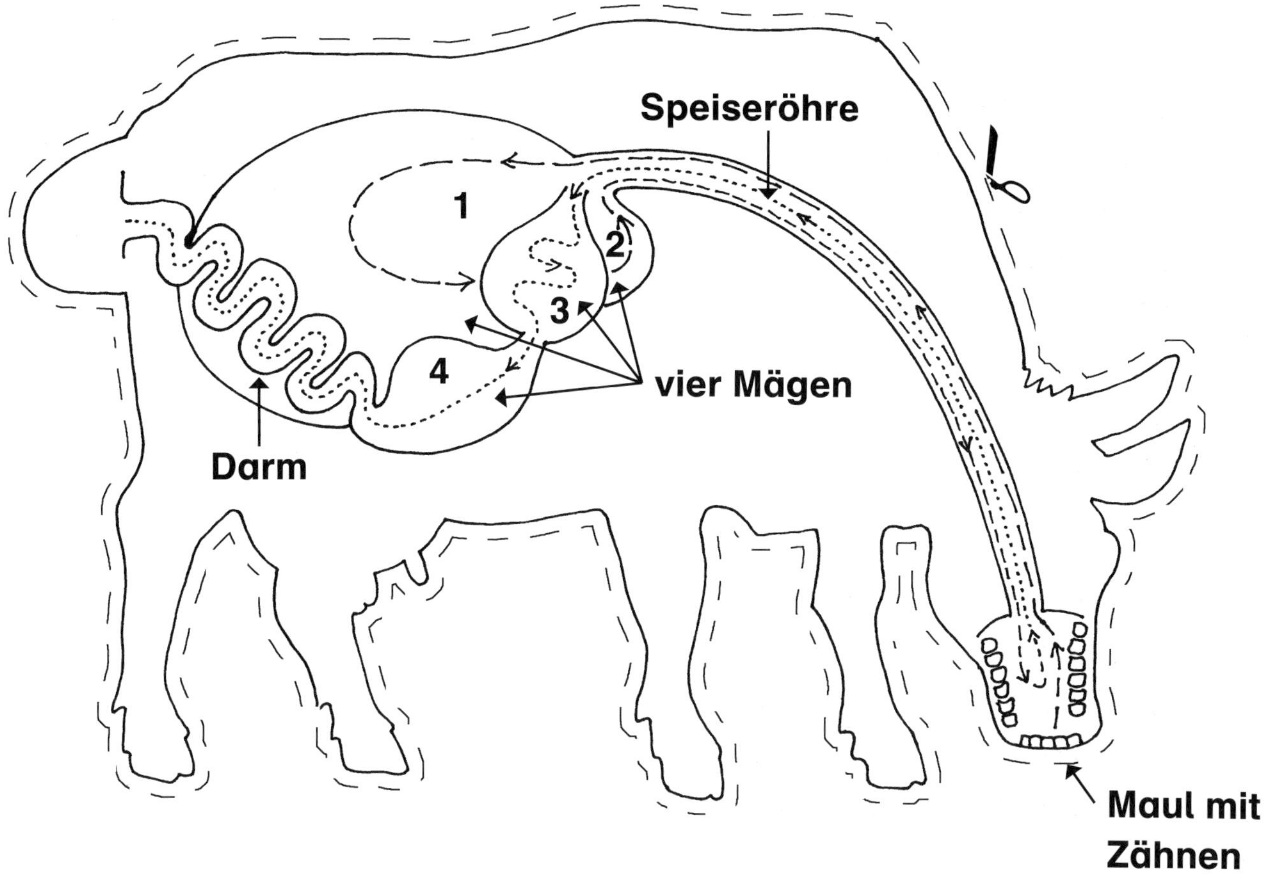

Der Weg der Milch

Arbeitsblatt

Schneide die Streifen sorgfältig aus.

Lege sie in der richtigen Reihenfolge aufeinander.
Stecke sie mit einer Musterklammer zusammen.

Den Fächer kannst du jetzt öffnen und immer wieder lesen.

○	*Der Weg der Milch*
○	Eine Kuh gibt nur dann Milch, wenn sie ein Junges geboren hat. Wenn sie jedes Jahr ein Kalb bekommt, gibt sie 5 bis 7 Jahre Milch. Die Milch bildet sich im Euter der Kuh.
○	Nur 2 bis 3 Wochen darf das Kalb die Milch vom Euter trinken. Danach wird es mit der Flasche gefüttert. Die Milch bekommen jetzt wir.
○	Die Kuh wird jeden Morgen und jeden Abend an die Melkmaschine angeschlossen.
○	Ganz schnell wird dann die warme, frische Milch in Tanks gefüllt und gekühlt.
○	In einem Tankwagen wird sie abgeholt und in die Molkerei gebracht.
○	Dort wird sie weiterverarbeitet zu Joghurt, zu Quark, zu Butter, zu Käse und natürlich in Flaschen und Pappbehälter gefüllt.

© Verlag an der Ruhr | Autorin: Ursula Arndt | ISBN 978-3-8346-2603-5 | www.verlagruhr.de

Schweinefleisch

Arbeitsblatt

Schneide die Puzzleteile sorgfältig aus.

Lege sie erst auf einem Extra-Blatt zusammen, bevor du sie aufklebst.

Welche Fleischstücke kennst du? Unterstreiche sie grün.

Welche hast du schon mal gegessen? Unterstreiche sie rot.

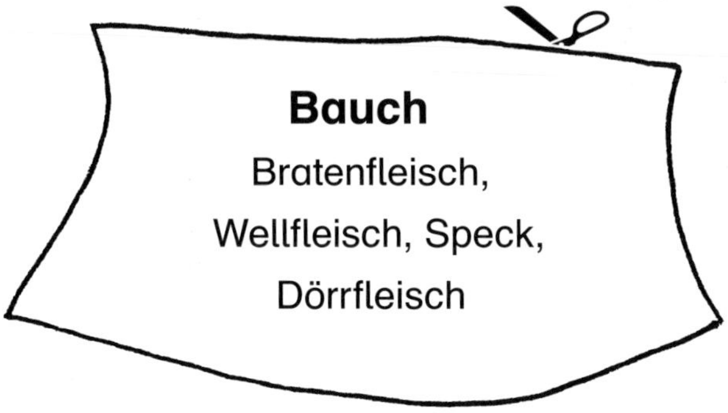

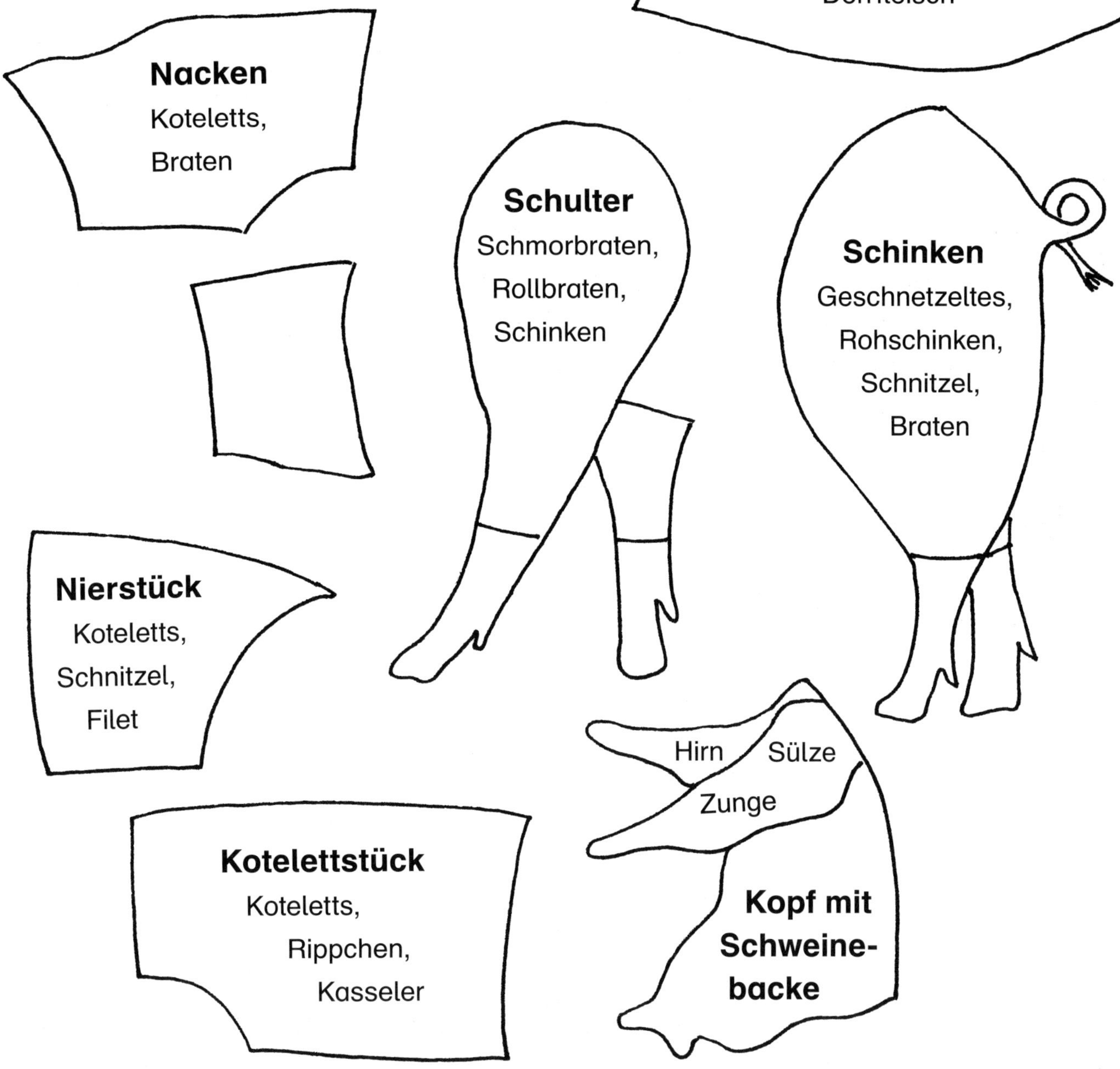

Forsche weiter: Was ist ein Spanferkel?

Lauter Federvieh (1/2)

Arbeitsblatt

Schneide das Blatt an der gestrichelten Außenlinie sorgfältig aus. Falte es nach Anweisung. Lies den Text zu den Tieren aufmerksam durch. Sprich darüber mit deinen Mitschülern.

Faltanweisung:

1. Falte das Blatt erst in Längsrichtung an der Mittellinie mit den Tieren nach außen. Öffne dein Blatt wieder.
2. Falte es dann in Querrichtung an der Mittellinie mit den Tieren nach außen.
3. Lege das Blatt so vor dich hin, dass die offene Seite zu dir zeigt. Falte den unteren Teil an der gepunkteten Linie nach oben, die Tiere sind innen verschwunden.
4. Drehe das Blatt um und falte auch hier den unteren Teil an der gepunkteten Linie nach oben. Die Tiere verschwinden wieder nach innen.
5. Öffne dein Blatt ganz. Alle Tiere sind oben zu sehen.
6. Falte dein Blatt nochmals in Querrichtung in der Hälfte. Die geschlossene Seite zeigt zu dir.
7. Schneide an der dicken, gestrichelten Linie in der Mitte nur bis zu der gepunkteten Linie ein. Wenn du jetzt dein Blatt wieder ganz öffnest, hast du einen Schlitz in der Mitte.
8. Falt dein Blatt nochmal längs und schiebe jetzt dein Heftchen so zusammen, wie du es auf dem Bild siehst.

   Du kannst dir aussuchen, welches Bild dein Titelbild sein soll. Der Text dazu ist dann auf der Rückseite.

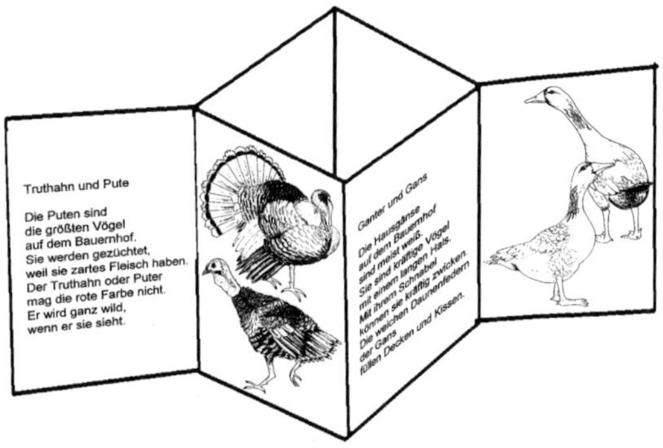

Lauter Federvieh (2/2)

Arbeitsblatt

Truthahn und Pute
Die Puten sind die größten Vögel auf dem Bauernhof. Sie werden gezüchtet, weil sie zartes Fleisch haben. Der Truthahn oder Puter mag die rote Farbe nicht. Er wird ganz wild, wenn er sie sieht.

Erpel und Ente
Enten sind Schwimmvögel. Zwischen den Zehen haben sie Schwimmhäute. Die Hausenten auf dem Bauernhof sind meist weiß. Der Bauer hält sie wegen ihres guten Fleisches.

Ganter und Gans
Die Hausgänse sind meist weiß und können wie die Enten schwimmen. Sie sind kräftige Vögel mit einem langen Hals. Die weichen Daunenfedern der Gans füllen Decken und Kissen.

Hahn und Henne
Der Hahn ist der Chef des Hühnerhofes. Er passt auf seine Hennen auf. Bei Sonnenaufgang kräht er und weckt den Bauernhof auf. Die Henne legt fast jeden Tag ein Ei.

Viele Eier

Arbeitsblatt

Schneide das große und die vier kleinen Eier sorgfältig aus.

Loche die Eier an der Lochmarkierung.

Sortiere die Eier der Größe nach.

Hefte sie mit einer Musterklammer übereinander fest.

Jetzt kannst du die Eier wie einen Fächer auseinanderschieben.

Wusstest du, dass es verschieden große Eier gibt? Die Größe hängt vom Alter des Huhns ab. Junge Hühner legen meist noch ganz kleine Eier, da kann es passieren, dass diese Eier gar keinen Dotter haben. Ältere Hühner produzieren da schon viel größere und manches alte Huhn bringt sogar Rieseneier hervor. Beim Einsortieren in die Klassen XS = sehr klein, S = klein, M = mittel, L = groß und XL = sehr groß, ist aber nicht die Größe wichtig, sondern das Gewicht. So wiegen die kleinen S-Eier unter 53 Gramm, die XL-Eier dagegen 73 Gramm und darüber. **Schaut mal nach, welche Eier ihr zu Hause habt. Und wiegt sie mal.**

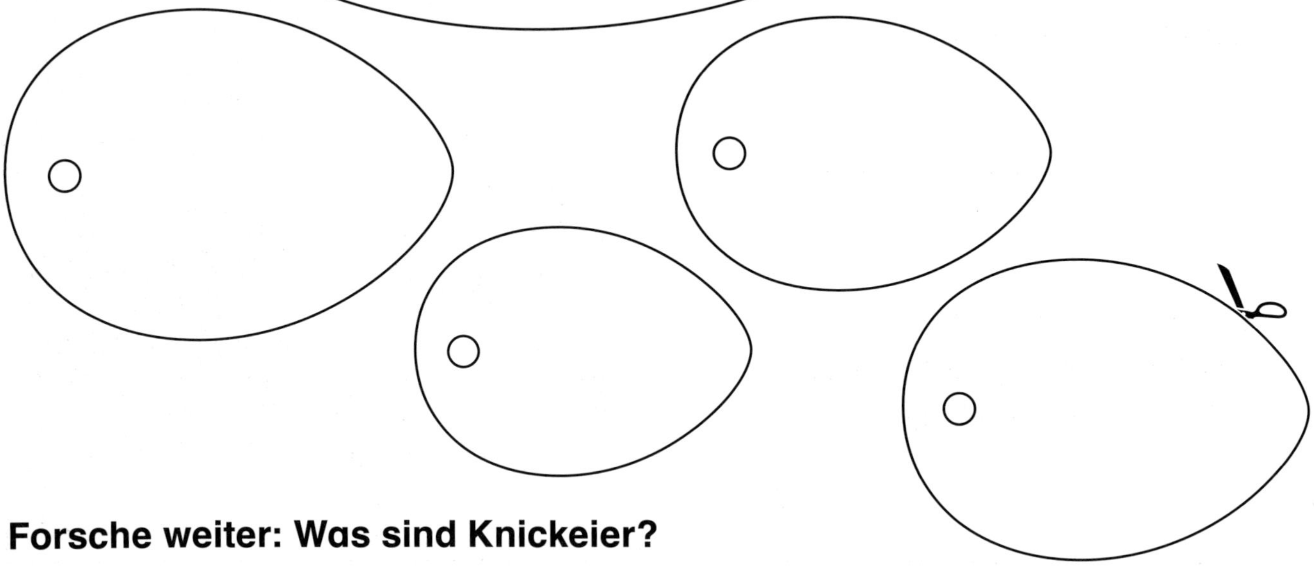

Forsche weiter: Was sind Knickeier?

Heuernte

Arbeitsblatt

Sortiere jedem Text das richtige Bild zu.

Schneide dazu die Kästen aus und klebe sie passend zueinander auf ein weißes Blatt.

Mit der **Presse** presst er das Heu zu Rundballen zusammen.

Rundballenpresse

Im Sommer mäht der Bauer das Gras mit dem **Mähwerk**.

Mähwerk

Mit dem **Heuwender** wendet er das Gras, damit es schneller trocknet.

Heuwender

Mit dem **Schwader** recht der Bauer das getrocknete Gras zu langen Reihen.

Schwader

Gemüse (1/3)

Arbeitsblatt

Schneide die Bild-Karten sorgfältig aus.

Klebe jedes Bild zum richtigen Text in die leeren Felder.

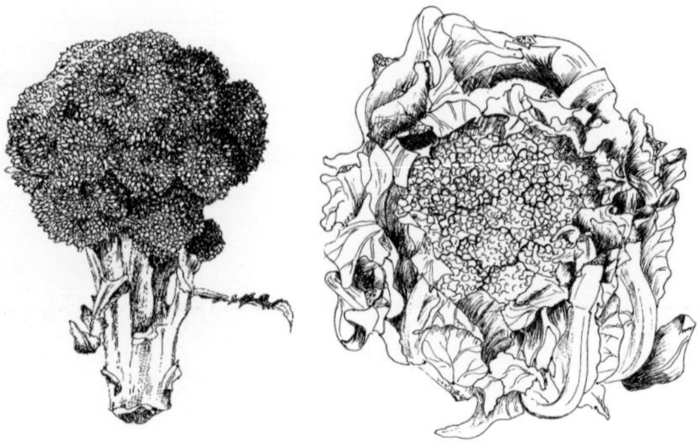

Gemüse (2/3)

Arbeitsblatt

Kopfsalat Der Bauer steckt bereits Anfang März die Pflänzchen in den Boden und deckt sie mit Folie ab, damit sie nicht erfrieren. Da Salat ziemlich schnell wächst (etwa 6 Wochen), kann der Bauer mehrmals im Jahr Salat ernten.	
Spinat Spinat kann man im April/Mai unter Folie säen, aber auch später. Du kannst ihn dann als Sommer- oder Winterspinat kaufen. Als Blattspinat ist er gesund und lecker. Du kennst ihn sicher als zerkleinerten Tiefkühlspinat.	
Tomaten Im Januar kauft der Bauer Samen ein. Ein Pflanzenzuchtbetrieb zieht für ihn die Pflänzchen heran. Im Mai werden sie in sein Folienhaus gesetzt, weil sie viel Sonne brauchen.	
Zwiebeln Im Februar sät der Bauer Zwiebelsamen aus. Damit sie nicht erfrieren, deckt er sie mit Folie ab. Wenn die Zwiebeln im August reif sind, legt er sie auf den Acker zum Trocknen. Zwiebeln sind gesund.	

Gemüse (3/3)

Arbeitsblatt

Blumenkohl und Brokkoli Der Bauer setzt die Pflanzen im März unter einer Folie in die Erde, damit sie nicht erfrieren. Nach etwa 8 bis 10 Wochen kann er die ersten Köpfe ernten. Gegessen wird nur die Blüte.	
Möhren Im Februar sät der Bauer die Samen unter Folie aus. Er zieht um die Samen einen kleinen Damm, damit die Möhren genügend Platz nach unten haben und schön gerade wachsen. Anfang Juni kann der Bauer die Möhren ernten.	
Kohlrabi Im Februar steckt der Bauer die Pflanzen unter Folie in die Erde. Weil der Kohlrabi am Stiel immer dicker wird und dort die Knolle bildet, die wir essen, braucht der Kohlrabi etwas länger zum Wachsen.	
Radieschen Der Bauer sät die ersten Samen bereits im Februar unter einer Folie aus. 3- bis 4-mal im Jahr kann der Bauer auf demselben Acker in kurzem Abstand immer wieder Radieschen säen. Radieschen sind meist innerhalb von 4 Wochen reif zum Ernten.	

Kartoffeln

Arbeitsblatt

Sortiere jedem Text das richtige Bild zu.

Klebe auf die Rückseite jeder Textkarte das passende Bild.

Die ersten Kartoffeln (Frühkartoffeln) steckt der Bauer schon Ende Februar, die Spätkartoffeln Mitte April. Mit der Kartoffelsetzmaschine legt er die Saatkartoffeln in die Erde.

© Grimme

① Die Saatkartoffel hat viele „Augen". Daraus wachsen junge Triebe. ② Die Triebe wachsen nach oben ans Licht. Hier wachsen die Stängel und Blätter. Unter der Erde wachsen Wurzeln aus der neuen Pflanze.

© ima

③ Die Pflanze blüht und bildet kleine, grüne Früchte. Unter der Erde haben die Wurzeln viele Ausläufer gebildet. ④ Die Saatkartoffel schrumpft. An den Ausläufern wachsen viele neue Kartoffeln.

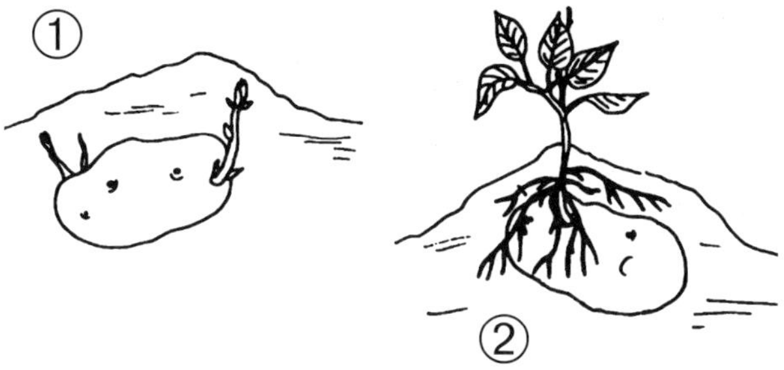

Wenn das Kartoffelkraut (Blätter, Blüten) verwelkt ist, kann der Bauer die Kartoffeln mit dem Kartoffelroder ausgraben. Die Frühkartoffeln erntet der Bauer schon Anfang Juni, die späten erst im Oktober.

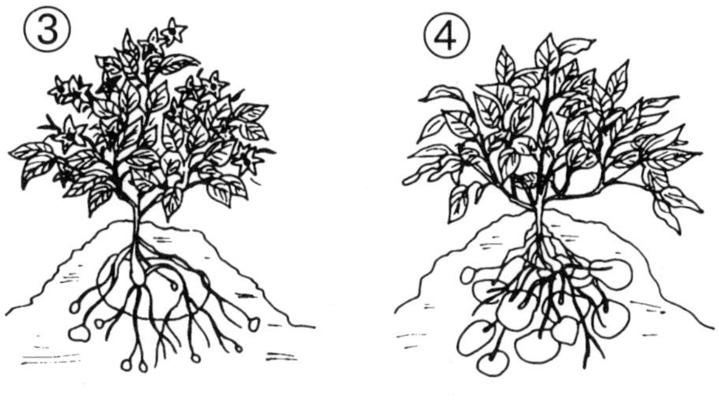

Die Getreidepflanze

Arbeitsblatt

Lies den Text aufmerksam durch.

Schreibe die richtigen Begriffe auf die Linien.

Die **Wurzeln** der Getreidepflanze sitzen in der Erde.
Seitlich am Halm sitzen die **Blätter**.
Stängelknoten als Verdickung am Halm stützen ihn vor dem Umknicken durch starke Winde.
Auf dem Halm sitzt die **Ähre**.
In der Ähre befinden sich die **Körner**.
Diese sind von Hüllen, genannt **Spelzen**, umgeben.
Beim Roggen und bei der Gerste laufen die Spelzen in einer langen **Granne** aus.
Beim Weizen fehlen die Grannen.

Roggenpflanze

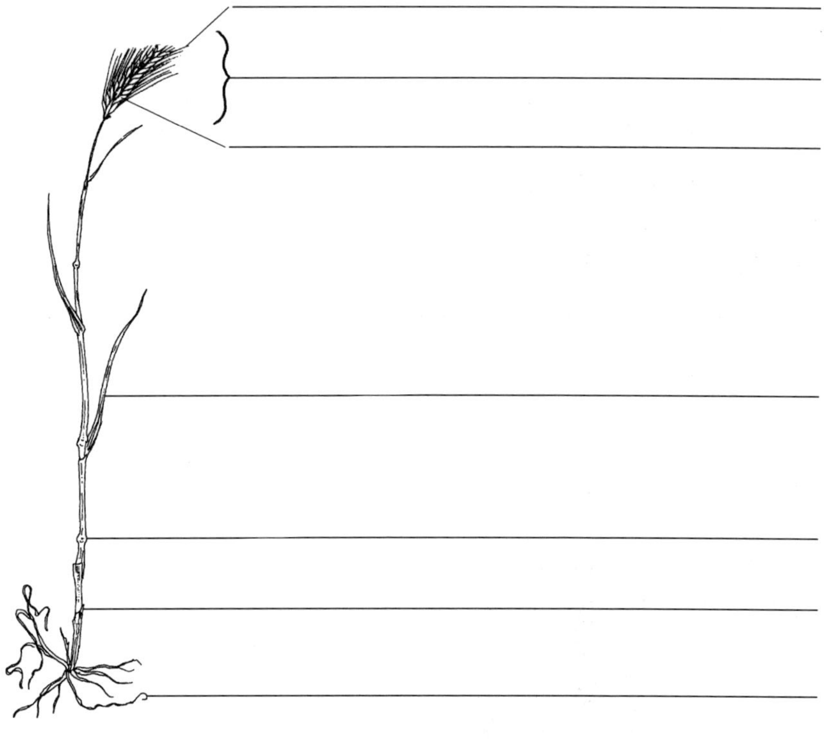

Getreideanbau (1/3)

Arbeitsblatt

Schneide die zwei Streifen der Tabelle und die Bildkarten sorgfältig aus.

Klebe sie an der Seite so zusammen, dass eine Jahresleiste entsteht.

Lies den Text und klebe die Bilder in die richtigen Felder.

<table>
<tr><th>Januar</th><th>Februar</th><th>März</th><th>April</th><th>Mai</th><th>Juni</th><td rowspan="3">Klebelasche</td></tr>
<tr><td colspan="2">Der Boden ruht.
Manchmal lässt der Bauer von Fachleuten überprüfen, ob er düngen muss oder nicht.</td><td colspan="4">Die Getreidepflanzen sind gekeimt und die Pflanzen wachsen. Der Bauer überwacht das Wachstum und düngt, wenn es notwendig ist.</td></tr>
<tr><td colspan="2"></td><td colspan="4"></td></tr>
</table>

Getreideanbau (2/3)

Arbeitsblatt

Juli / August	September / Oktober	November / Dezember
Das Getreide ist reif. Der Mähdrescher erntet das Korn.	Der Boden wird mit dem Pflug umgepflügt. Unkraut und die Reste der letzten Ernte werden untergegraben.	Der Boden wird mit der Egge vorbereitet, mit der Sämaschine wird gleichzeitig der Samen (zum Beispiel Winterweizen) eingesät.

 ISBN 978-3-8346-2603-5 | www.verlagruhr.de

Getreideanbau (3/3)

Arbeitsblatt

© Gerd Janssen

© berggeist007/PIXELIO – www.pixelio.de

© IJ

© IJ

© IJ

Getreidearten (1/2)

Arbeitsblatt

Schneide die Kärtchen sorgfältig aus.

Lies die Informationen aufmerksam durch.

Jetzt kannst du mit den Karten ein Zuordnungsspiel, ein Dreier-Memo mit einem Mitschüler spielen.

Weizen 	➔ bis zu 1,5 m hoch ➔ ohne Grannen ➔ im September bis November gesät ➔ Erntezeit: Mitte/ Ende August 	Mehl, helles Brot, Brötchen, Grieß, Nudeln, Kuchen, Stärke, Bier 
Roggen 	➔ bis zu 2 m hoch ➔ mit Grannen ➔ Anfang/Mitte Oktober gesät ➔ Erntezeit: Ende Juli 	Mehl, dunkles Brot, Vollkornbrötchen, Knäckebrot, Viehfutter 

Getreidearten (2/2)

Arbeitsblatt

Hafer 	➔ bis zu 1,5 m hoch ➔ mit Rispen statt Grannen ➔ im März/April gesät ➔ Erntezeit: Ende August 	Mehl, Grieß, Haferflocken, Müsli, Pferdefutter 
Gerste 	➔ etwa 60 cm hoch ➔ lange Grannen ➔ im Frühjahr (Sommergerste) und Herbst (Wintergerste) gesät ➔ Erntezeit: Ende Juli (Wintergerste) Mitte/Ende August (Sommergerste) 	Mehl, Grütze, Graupen, Bier, Malzkaffee, Schweinefutter 
Mais  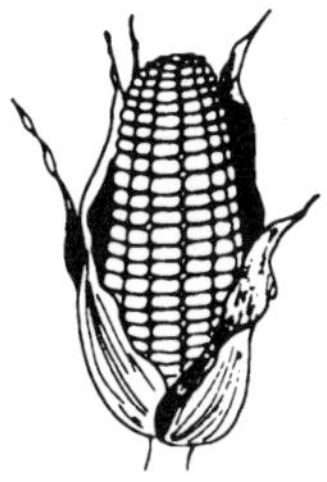	➔ bis zu 2,5 m hoch ➔ mit Blüten und Maiskolben ➔ im April/Mai gesät ➔ Erntezeit: September bis November 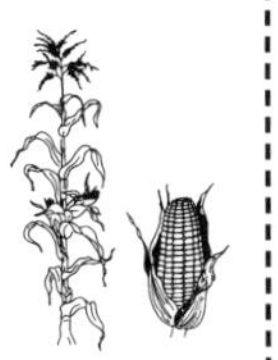	Gemüsemais, Öl, Tortilla, Cornflakes, Polenta (Maismehl), Viehfutter 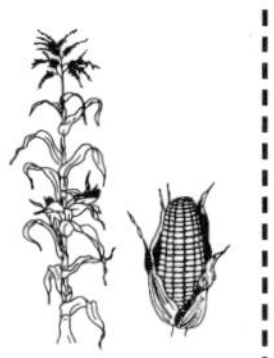

Wissens-Domino (1/2)

Arbeitsblatt

Schneide die Dominokarten an der gestrichelten Linie aus.

Jetzt kannst du allein oder mit einem Mitschüler Domino spielen.

Kannst du alle Fragen beantworten?

die Kartoffel 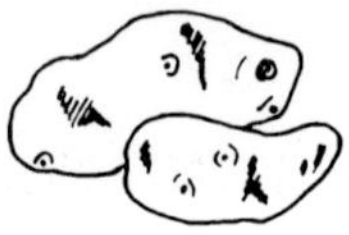	Wie viele Zitzen hat eine Kuh?	**Huhn, Gans, Ente, Pute** 	Wie heißt das wichtigste Fahrzeug des Bauern?
Traktor 	Welches Tier hat ein Ringelschwänzchen?	**Kalb** 	Wie nennt man getrocknetes Gras?
der Blumenkohl 	Mit welcher Maschine wird das Getreide geerntet?	**vier Zitzen**	Welche Bauernhoftiere legen Eier?
Heu 	Welches Getreide hat die längsten Grannen?	**das Schwein** 	Wie heißt das Kuhjunge?
vier Mägen	Wie heißt der Mann der Pute?	**Gerste** 	Welche Bauernhoftiere geben Milch?

Wissens-Domino (2/2)

Arbeitsblatt

Kühe, Schafe, Ziegen	Was ist eine Schwarzbunte?	**eine Kuh** 	Wie viele Mägen hat die Kuh?
Truthahn oder Puter 	Wie heißen die vier Getreidearten?	**bei der Kartoffel** 	Welche Bauernhoftiere sind Wiederkäuer?
im Frühjahr	Was sind XL, L, M und S?	**Weizen, Roggen, Gerste, Hafer**	Welches Getreide hat Rispen?
Gewichts-klassen von Eiern	Welches Tier schluckt beim Fressen Steine mit hinunter?	**Ferkel** 	Wann werden meistens die Schafe geschoren?
mit dem Mähdrescher	Bei welchem Gemüse steckt man eine Knolle in den Boden?	**das Huhn** 	Welches Gemüse hat „Augen"?
Kühe, Schafe, Ziegen	Wie heißt das Schweine-junge?	**der Hafer** 	Welches Gemüse hat weiße Röschen?

Steckbrief: ____________________

Vater:	Mutter:	Kind:

So sehe ich aus:

____

Das fresse ich:

____

Das liefere ich:

Steckbrief: ____________________

Vater: Mutter: Kind:

So sehe ich aus:

____

Das fresse ich:

____

Das liefere ich:

54 | Der Bauernhof
© Verlag an der Ruhr | Autorin: Ursula Arndt | ISBN 978-3-8346-2603-5 | www.verlagruhr.de

Blanko-Vorlagen

Arbeitsblatt

Briefumschlag

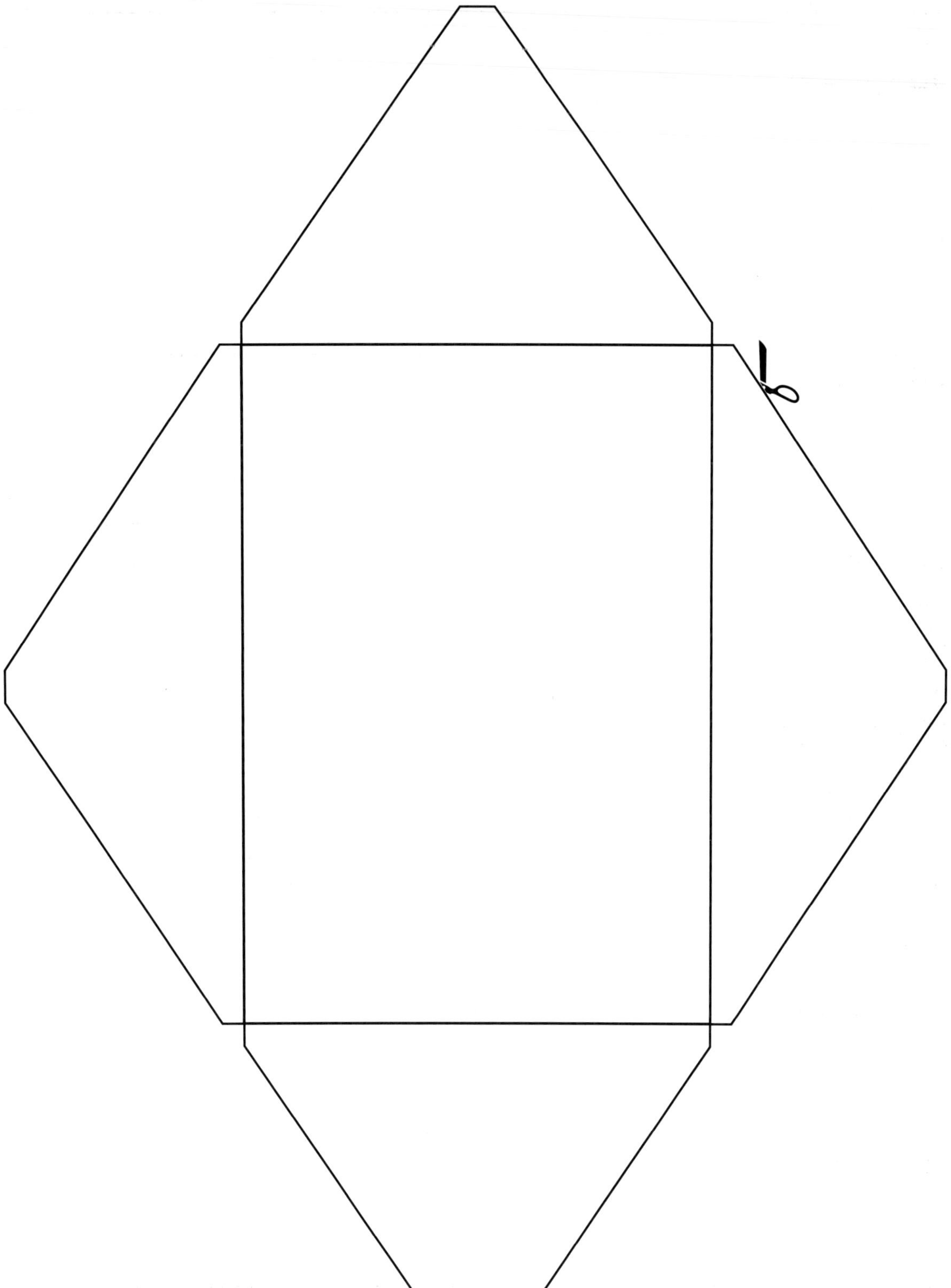

© Verlag an der Ruhr | Autorin: Ursula Arndt | ISBN 978-3-8346-2603-5 | www.verlagruhr.de